Mein erster Langenscheidt

Englisch

Angela Wilkes

L

LANGENSCHEIDT

BERLIN · MÜNCHEN · WIEN · ZÜRICH · NEW YORK

Vorwort

Wörter sind für Kinder wie Spielzeug, das sie nach allen Seiten drehen und wenden, auseinandernehmen und wieder zusammensetzen. Dieser Spieltrieb im Kind ist der Motor ständigen Lernens und Verstehens, und wenn man ihn nutzt und sinnvoll fördert, kann man die Entwicklung eines Kindes schon frühzeitig positiv beeinflussen.

Mit dem Wörterbuch „Mein erster Langenscheidt Englisch" erhält Ihr Kind ein Spielzeug besonderer Art. Eine Fülle anschaulicher Farbfotografien und liebevoller Illustrationen aus der Erlebniswelt des Kindes machen jede Doppelseite zu einer wahren Fundgrube für bildliche und sprachliche Entdeckungen. Unter der behutsamen Anleitung eines Erwachsenen lernt schon das kleinere Kind, Gegenstände zu erkennen und zu benennen; größere Kinder beginnen, Wörter vom Schriftbild her zu erschließen, also zu lesen, und später, ein Wort in Schrift umzusetzen, also zu schreiben.

In einem weiteren Schritt wird das Englische in diesen spielerischen Lernprozeß einbezogen, womit den neuesten Erkenntnissen über den frühbeginnenden Fremdsprachenerwerb Rechnung getragen wird. Die ersten Kontakte mit dem Englischen als der am weitesten verbreiteten Sprache der Welt können in einer Zeit fallender Grenzen und wachsender Mobilität gar nicht früh genug geknüpft werden. „Mein erster Langenscheidt Englisch" sorgt dafür, daß dieser wichtige Schritt in der Entwicklung Ihres Kindes zu einem vergnüglichen und motivierenden Erlebnis wird.

Das Buch enthält etwa 1000 Wörter aus dem Umfeld des Kindes. Sie sind nach überschaubaren Sachfeldern gegliedert. Bild, englisches Wort und deutsche Übersetzung bilden jeweils eine Einheit.

„Mein erster Langenscheidt Englisch" ist geeignet für Kinder zwischen 3 und 8 Jahren.

DK

A Dorling Kindersley Book

Fotografiert von Dave King und Tim Ridley
Illustrationen von Pat Thorne

Auflage:	5.	4.	3.	2.	1.	Letzte Zahlen
Jahr:	1996	95	94	93	92	maßgeblich

Contents
Inhalt

All about me Alles über mich

My Face
Mein Gesicht

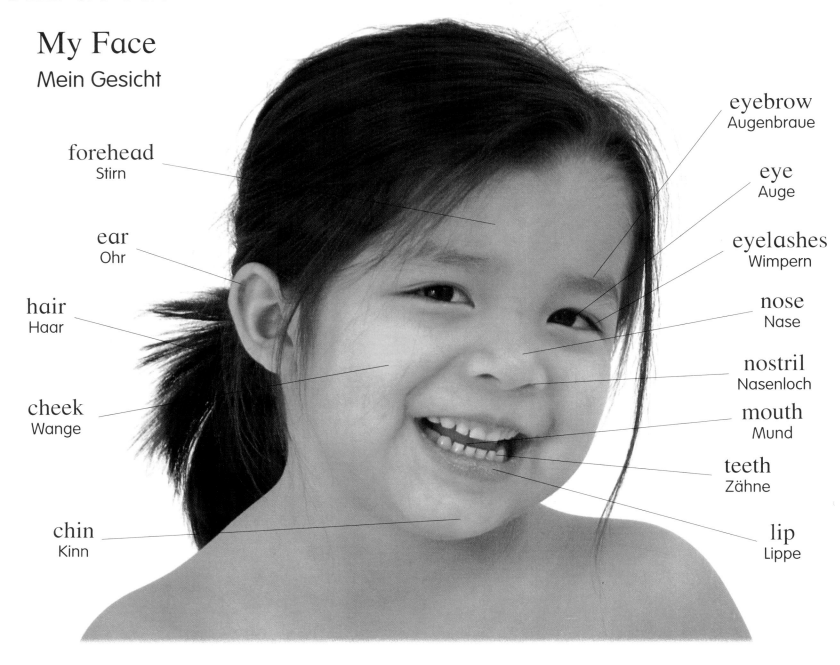

eyebrow
Augenbraue

eye
Auge

eyelashes
Wimpern

nose
Nase

nostril
Nasenloch

mouth
Mund

teeth
Zähne

lip
Lippe

forehead
Stirn

ear
Ohr

hair
Haar

cheek
Wange

chin
Kinn

My hands
Meine Hände

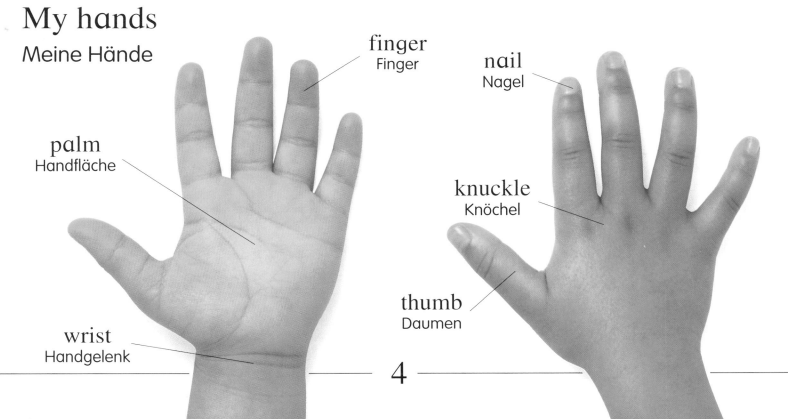

finger
Finger

nail
Nagel

palm
Handfläche

knuckle
Knöchel

thumb
Daumen

wrist
Handgelenk

My body Mein Körper

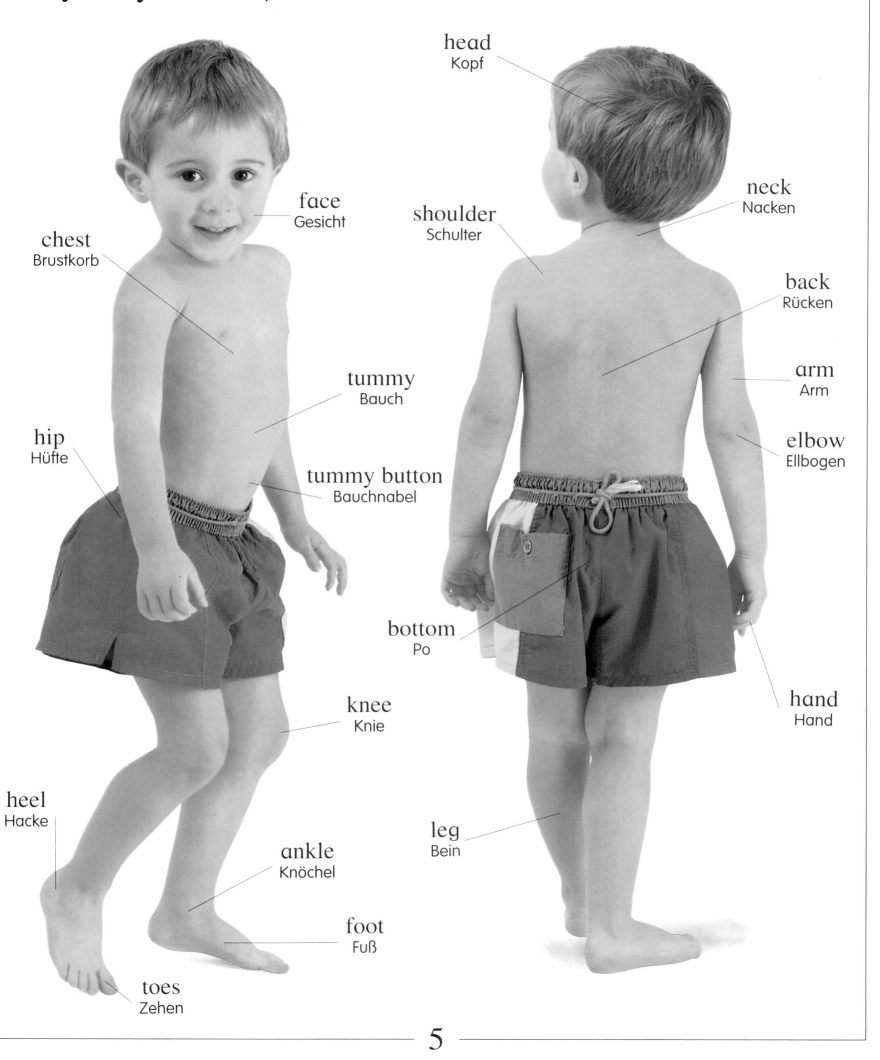

chest
Brustkorb

face
Gesicht

head
Kopf

shoulder
Schulter

neck
Nacken

back
Rücken

tummy
Bauch

arm
Arm

hip
Hüfte

tummy button
Bauchnabel

elbow
Ellbogen

bottom
Po

hand
Hand

knee
Knie

heel
Hacke

ankle
Knöchel

leg
Bein

foot
Fuß

toes
Zehen

5

My clothes   Meine Kleider

buttons
Knöpfe

buckle
Schnalle

belt
Gürtel

anorak
Anorak

cardigan
Strickjacke

trousers
Hose

braces
Hosenträger

jeans
Jeans

dungarees
Latzhose

straw hat
Strohhut

wooly hat
Wollmütze

pants
Unterhose

pyjamas
Pyjama

beads
Perlen

T-shirt   T-Shirt

shorts
Shorts

watch
Armbanduhr

socks   Socken

slippers
Hausschuhe

shoes
Schuhe

trainers
Turnschuhe

sandals
Sandalen

knickers
Schlüpfer

vest
Unterhemd

6

coat
Mantel

sweatshirt
Sweatshirt

tracksuit
Trainingsanzug

hanger
Kleiderbügel

skirt
Rock

petticoat
Unterrock

scarf
Schal

shirt
Hemd

dress
Kleid

dressing gown
Morgenmantel

night dress
Nachthemd

cap
Mütze

snowsuit
Schneeanzug

raincoat
Regenmantel

mittens
Fäustlinge

wellingtons
Gummistiefel

gloves
Handschuhe

umbrella
Regenschirm

jumper
Pullover

tights
Strumpfhosen

7

At home   Zu Hause

attic
Dachboden

cellar
Keller

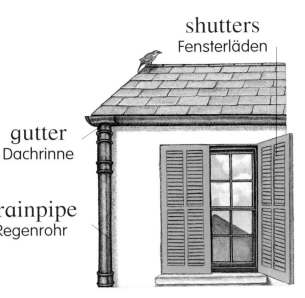

shutters
Fensterläden

gutter
Dachrinne

drainpipe
Regenrohr

ceiling   Decke

bed
Bett

bedroom
Schlafzimmer

balcony
Balkon

fireplace
Kamin

sitting
room
Wohnzimmer

sofa
Sofa

bannister
Treppengeländer

cooker
Herd

stairs
Treppe

carpet
Teppich

wallpaper
Tapete

bath
Badewanne

bathroom
Badezimmer

kitchen
Küche

floor
Fußboden

garage
Garage

hedge
Hecke

drive
Einfahrt

porch
Veranda

steps
Stufen

chimney
Schornstein

roof
Dach

window
Fenster

window box
Blumenkasten

wall
Wand

front door
Haustür

windowsill
Fensterbrett

A family Eine Familie

grandfather
Großvater

grandmother
Großmutter

father
Vater

mother
Mutter

daughter
Tochter

son
Sohn

9

Around the house   Dinge im Haus

telephone **Telefon**

hairdryer
Haartrockner

sofa **Sofa**

curtains **Vorhänge**

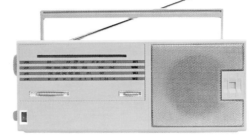

radio **Radio**

book **Buch**

radiator
Heizung

picture **Bild**

vacuum cleaner
Staubsauger

record player
Plattenspieler

stool
Hocker

bookcase
Bücherregal

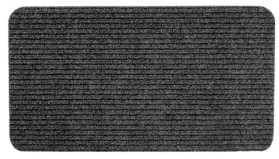

doormat
Fußmatte

sewing machine
Nähmaschine

armchair **Sessel**

television Fernseher

lamp Lampe

chest of drawers Kommode

duvet Federbett

bed Bett

keys Schlüssel

clock Wecker

blanket Wolldecke

bandage Verband

computer Computer

table Tisch

pillow Kopfkissen

chair Stuhl

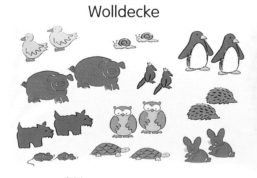
thermometer Fieberthermometer

plasters Pflaster

medicine Medizin

cushion Sofakissen

wardrobe Kleiderschrank

light bulb Glühbirne

tablets Tabletten

In the kitchen In der Küche

rolling pin Nudelholz

frying pan Bratpfanne

rubber gloves Gummihandschuhe

egg cup Eierbecher

brush Handfeger

dustpan Kehrschaufel

weighing scales Küchenwaage

food mixer Küchenmaschine

jug Krug

fridge Kühlschrank

oven Backofen

cooker Herd

plate Teller

oven glove Topfhandschuh

place mat Platzdeckchen

napkin Serviette

apron Schürze

broom Besen

sieve Sieb

knife Messer

fork Gabel

spoon Löffel

kettle Kessel

washing machine Waschmaschine

mop Mop

bowl Schüssel

cup Tasse

glass Glas

mug Becher

colander Durchschlag

saucer Untertasse

matches Streichhölzer

sink Spülbecken

cake tin Kuchenform

teapot Teekanne

saucepan Topf

draining board Abtropfbrett

bin Mülleimer

cupboard Küchenschrank

biscuit cutters Ausstechförmchen

ironing board Bügelbrett

mixing bowl Schüssel

high chair Kinderstuhl

iron Bügeleisen

13

Things to eat and drink   Essen und Trinken

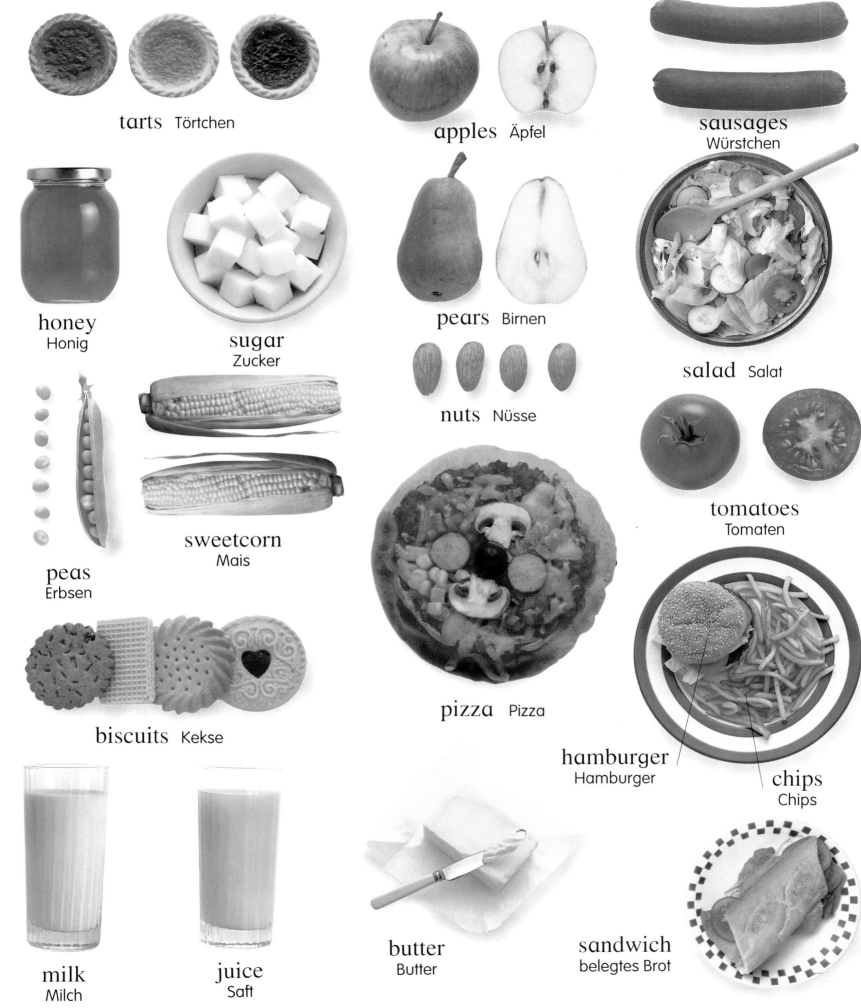

tarts   Törtchen

apples   Äpfel

sausages
Würstchen

honey
Honig

sugar
Zucker

pears   Birnen

salad   Salat

nuts   Nüsse

peas
Erbsen

sweetcorn
Mais

tomatoes
Tomaten

biscuits   Kekse

pizza   Pizza

hamburger
Hamburger

chips
Chips

milk
Milch

juice
Saft

butter
Butter

sandwich
belegtes Brot

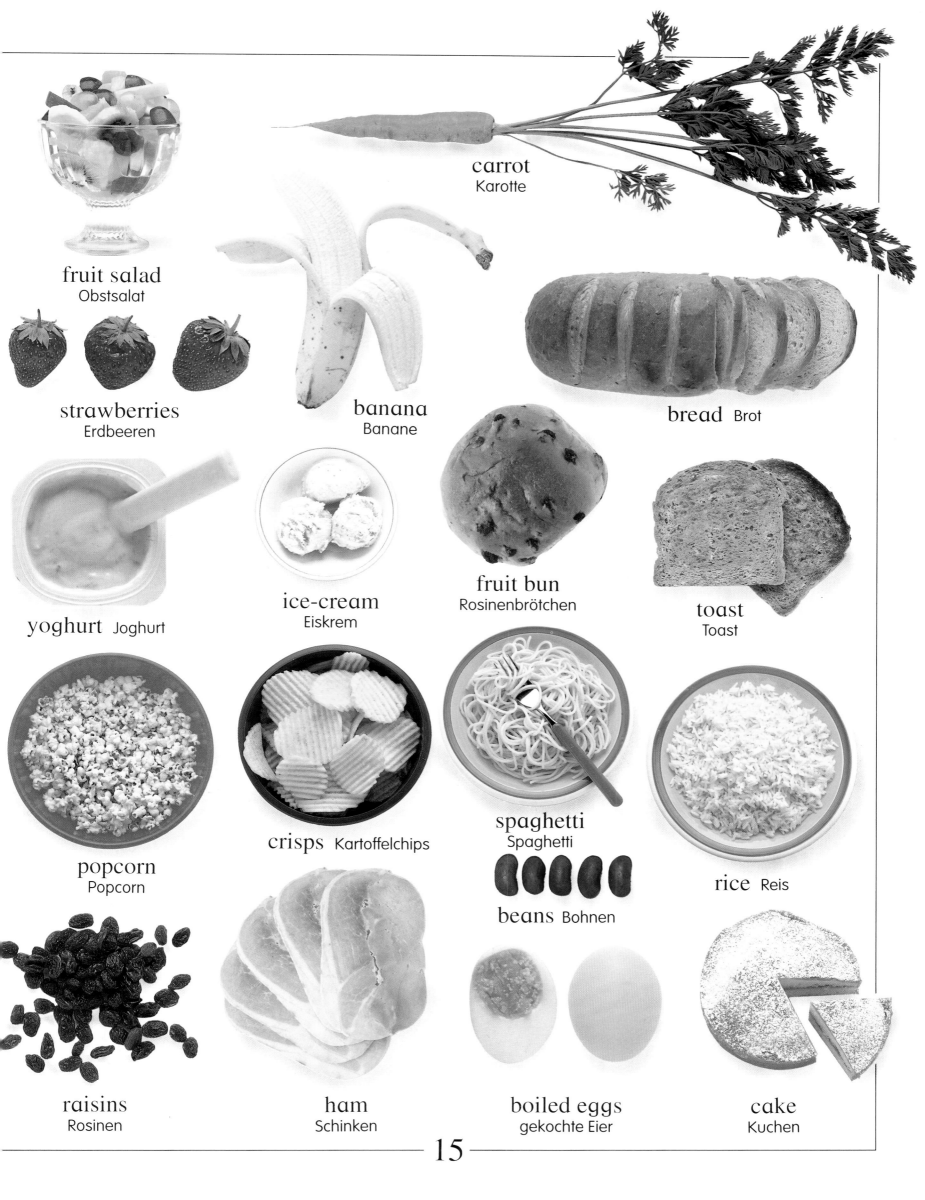

fruit salad
Obstsalat

strawberries
Erdbeeren

banana
Banane

carrot
Karotte

bread Brot

yoghurt Joghurt

ice-cream
Eiskrem

fruit bun
Rosinenbrötchen

toast
Toast

popcorn
Popcorn

crisps Kartoffelchips

spaghetti
Spaghetti

beans Bohnen

rice Reis

raisins
Rosinen

ham
Schinken

boiled eggs
gekochte Eier

cake
Kuchen

In the bathroom Im Badezimmer

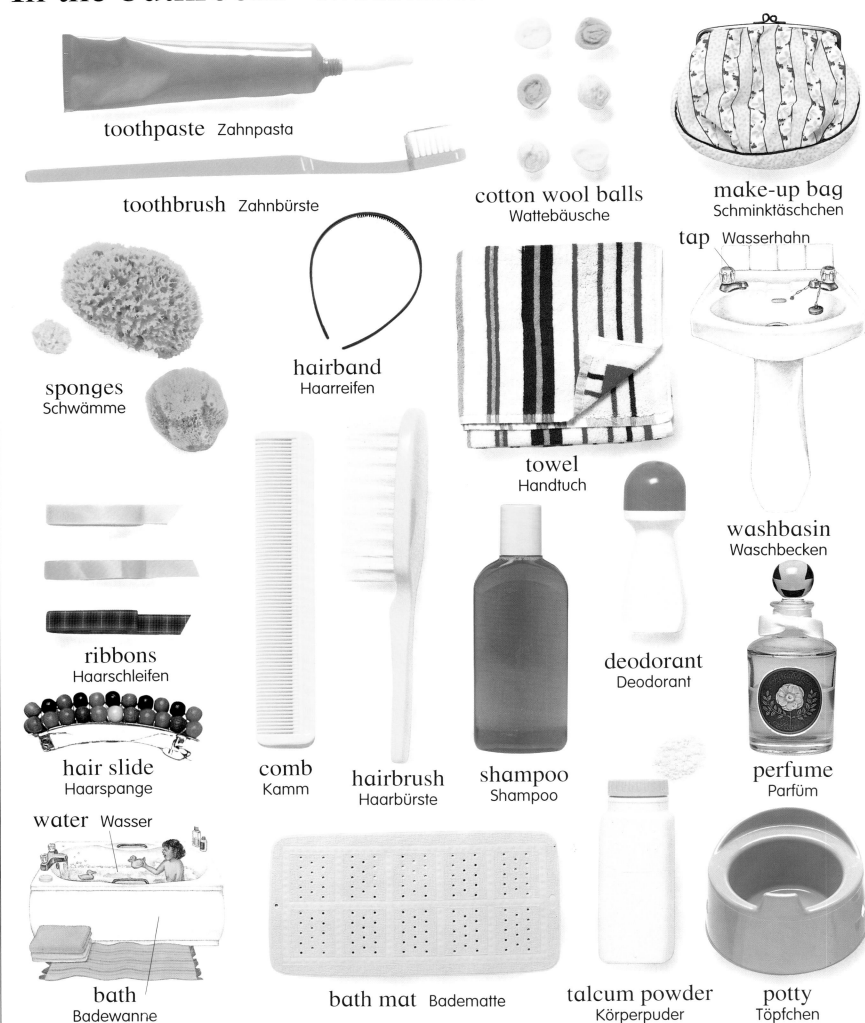

toothpaste Zahnpasta

toothbrush Zahnbürste

cotton wool balls
Wattebäusche

make-up bag
Schminktäschchen

tap Wasserhahn

sponges
Schwämme

hairband
Haarreifen

towel
Handtuch

washbasin
Waschbecken

ribbons
Haarschleifen

deodorant
Deodorant

hair slide
Haarspange

comb
Kamm

hairbrush
Haarbürste

shampoo
Shampoo

perfume
Parfüm

water Wasser

bath
Badewanne

bath mat Bademate

talcum powder
Körperpuder

potty
Töpfchen

16

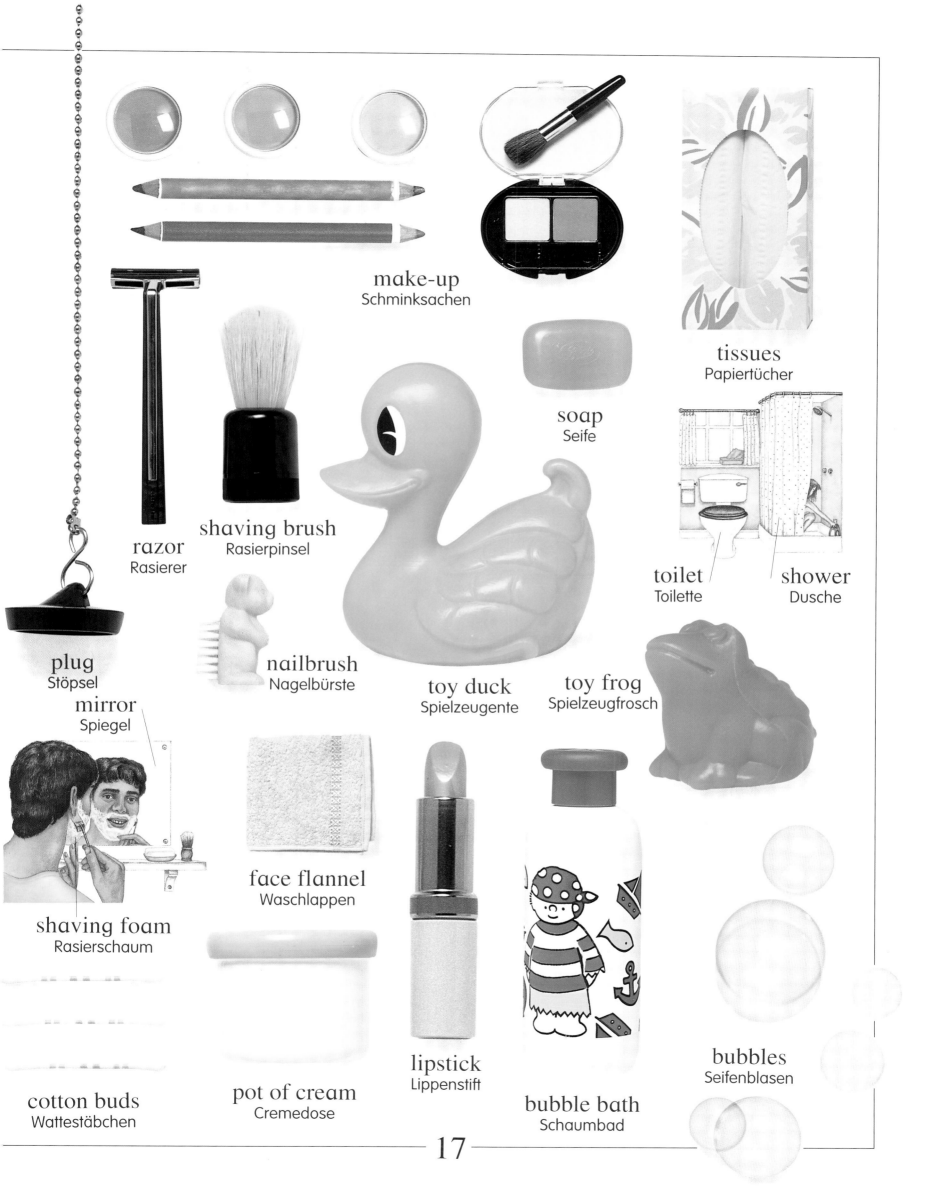

make-up
Schminksachen

tissues
Papiertücher

soap
Seife

toilet
Toilette

shower
Dusche

razor
Rasierer

shaving brush
Rasierpinsel

nailbrush
Nagelbürste

toy duck
Spielzeugente

toy frog
Spielzeugfrosch

plug
Stöpsel

mirror
Spiegel

shaving foam
Rasierschaum

face flannel
Waschlappen

lipstick
Lippenstift

bubble bath
Schaumbad

bubbles
Seifenblasen

cotton buds
Wattestäbchen

pot of cream
Cremedose

In the garden   Im Garten

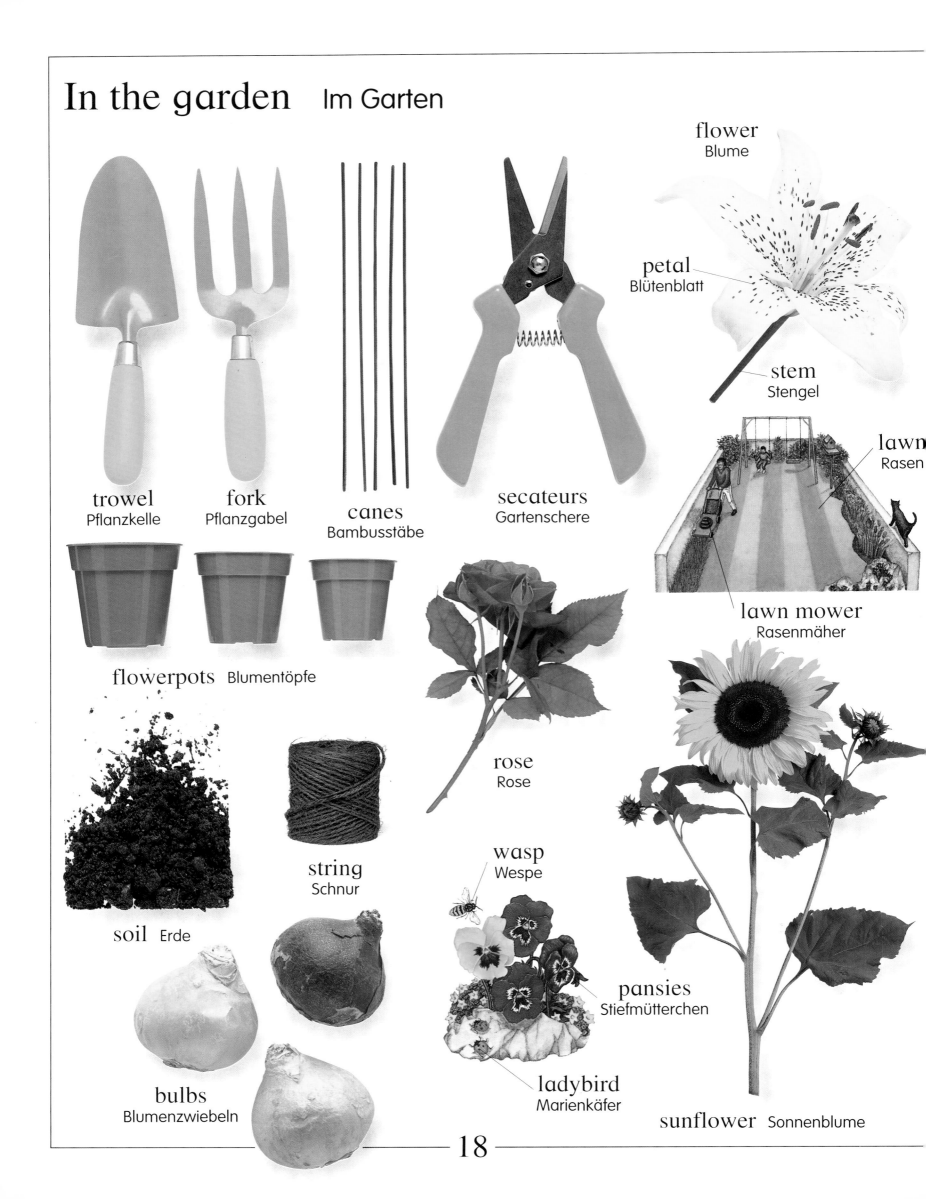

flower
Blume

petal
Blütenblatt

stem
Stengel

trowel
Pflanzkelle

fork
Pflanzgabel

canes
Bambusstäbe

secateurs
Gartenschere

lawn
Rasen

lawn mower
Rasenmäher

flowerpots   Blumentöpfe

rose
Rose

string
Schnur

wasp
Wespe

soil   Erde

pansies
Stiefmütterchen

bulbs
Blumenzwiebeln

ladybird
Marienkäfer

sunflower   Sonnenblume

18

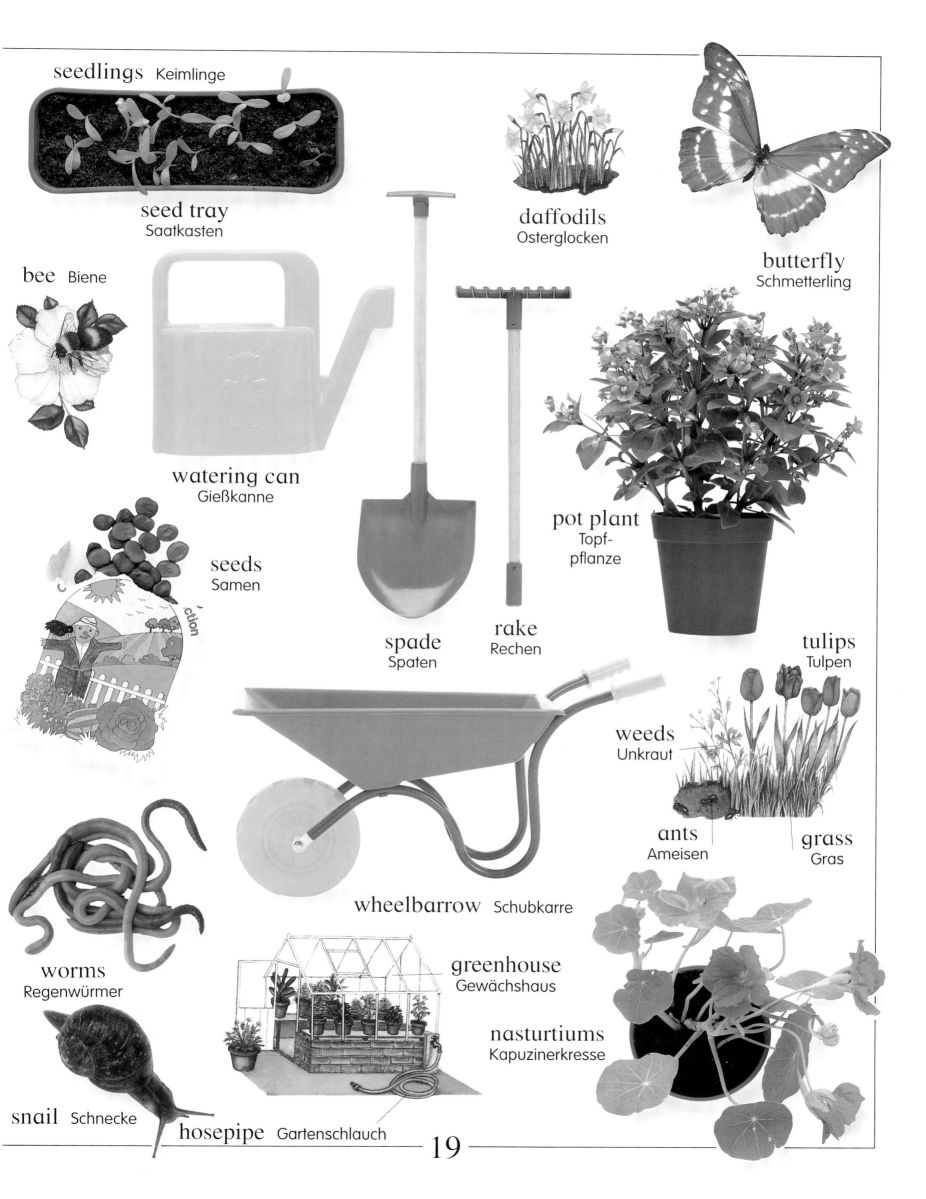

seedlings Keimlinge

seed tray
Saatkasten

daffodils
Osterglocken

butterfly
Schmetterling

bee Biene

watering can
Gießkanne

pot plant
Topf-
pflanze

seeds
Samen

spade
Spaten

rake
Rechen

tulips
Tulpen

weeds
Unkraut

ants
Ameisen

grass
Gras

worms
Regenwürmer

wheelbarrow Schubkarre

greenhouse
Gewächshaus

nasturtiums
Kapuzinerkresse

snail Schnecke

hosepipe Gartenschlauch

19

In the toolshed In der Werkstatt

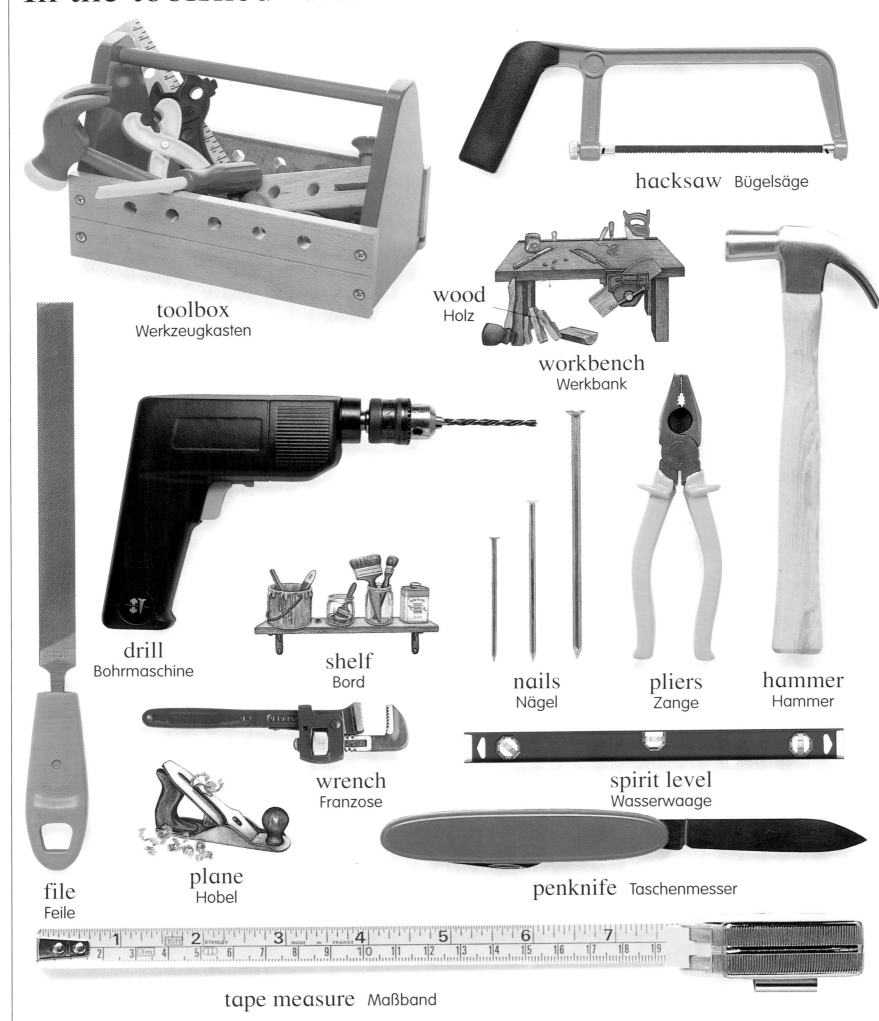

toolbox
Werkzeugkasten

hacksaw Bügelsäge

wood
Holz

workbench
Werkbank

drill
Bohrmaschine

shelf
Bord

nails
Nägel

pliers
Zange

hammer
Hammer

wrench
Franzose

spirit level
Wasserwaage

file
Feile

plane
Hobel

penknife Taschenmesser

tape measure Maßband

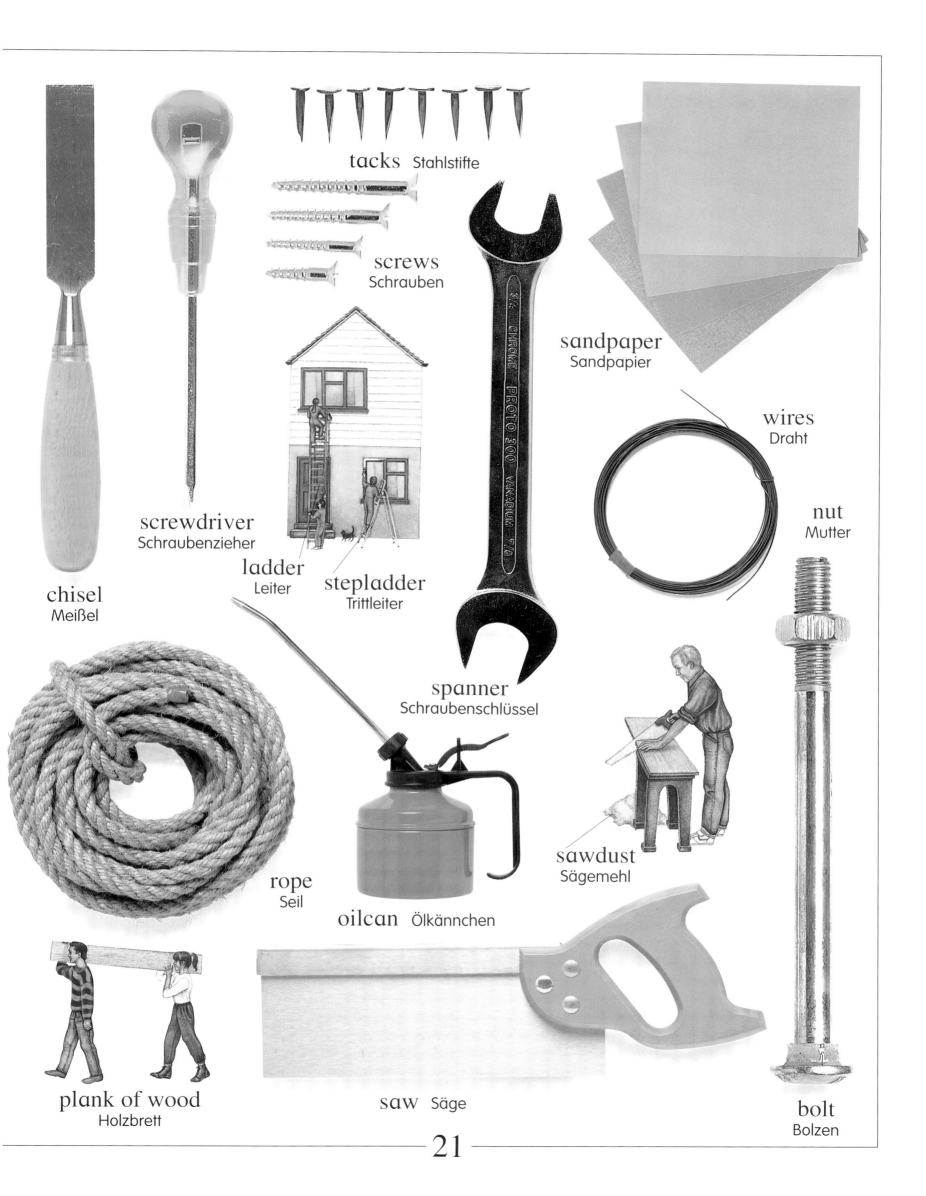

tacks Stahlstifte

screws Schrauben

sandpaper Sandpapier

wires Draht

nut Mutter

chisel Meißel

screwdriver Schraubenzieher

ladder Leiter

stepladder Trittleiter

spanner Schraubenschlüssel

sawdust Sägemehl

rope Seil

oilcan Ölkännchen

plank of wood Holzbrett

saw Säge

bolt Bolzen

21

Going out Unterwegs

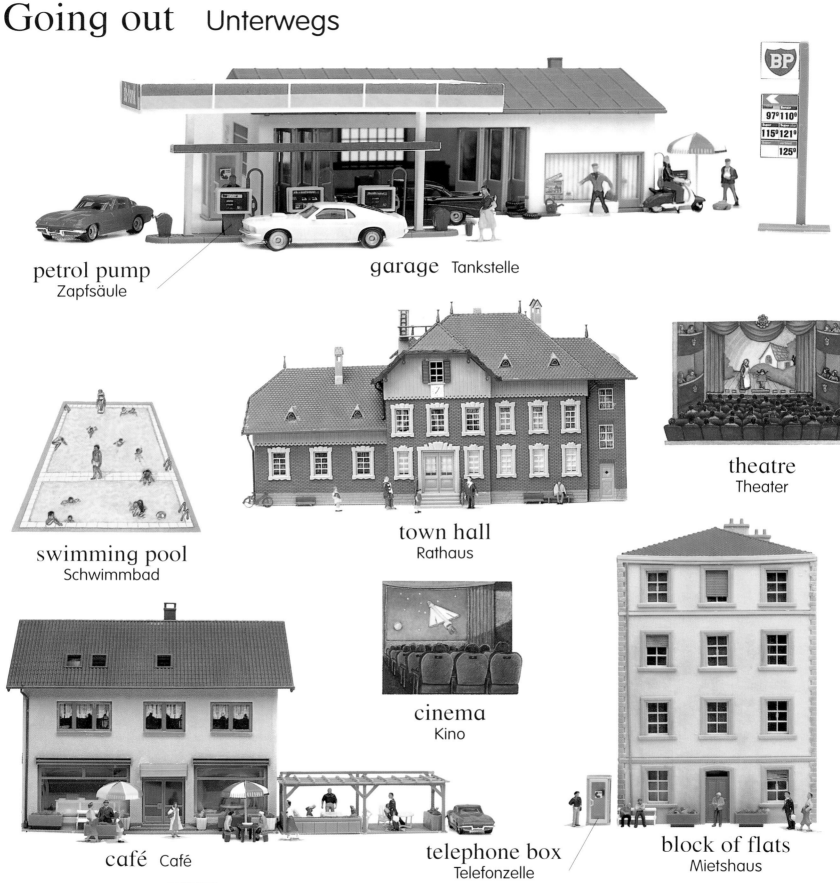

petrol pump
Zapfsäule

garage Tankstelle

swimming pool
Schwimmbad

town hall
Rathaus

theatre
Theater

cinema
Kino

café Café

telephone box
Telefonzelle

block of flats
Mietshaus

barrow Karren

market stall Stand

market Markt

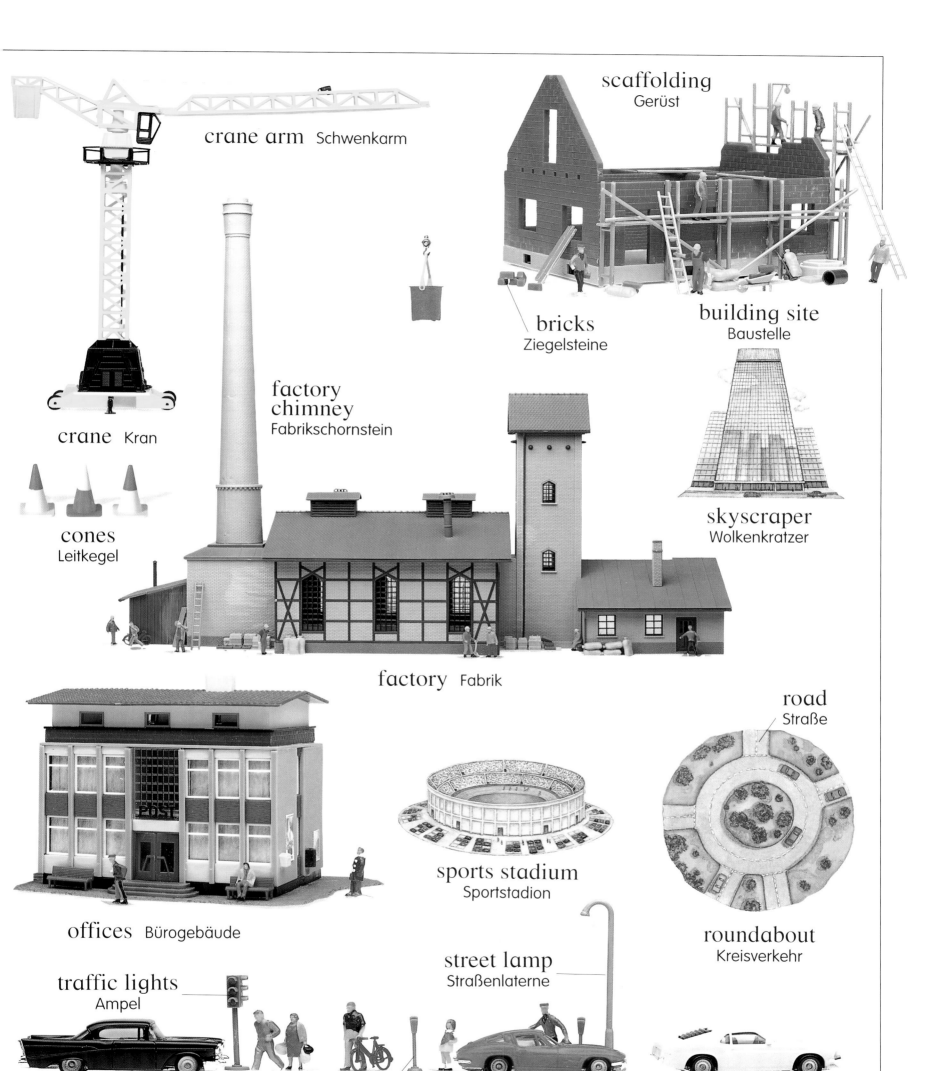

crane arm Schwenkarm

scaffolding
Gerüst

bricks
Ziegelsteine

building site
Baustelle

crane Kran

cones
Leitkegel

factory
chimney
Fabrikschornstein

skyscraper
Wolkenkratzer

factory Fabrik

road
Straße

offices Bürogebäude

sports stadium
Sportstadion

roundabout
Kreisverkehr

traffic lights
Ampel

street lamp
Straßenlaterne

parking meter Parkuhr

At the park   Im Park

picnic basket
Picknickkorb

statue
Statue

bench   Bank

fountain
Springbrunnen

flowers   Blumen

picnic
Picknick

buggy   Buggy

children   Kinder

tricycle   Dreirad

kite
Drachen

sandpit   Sandkiste

roller skates
Rollschuhe

roundabout
Karusell

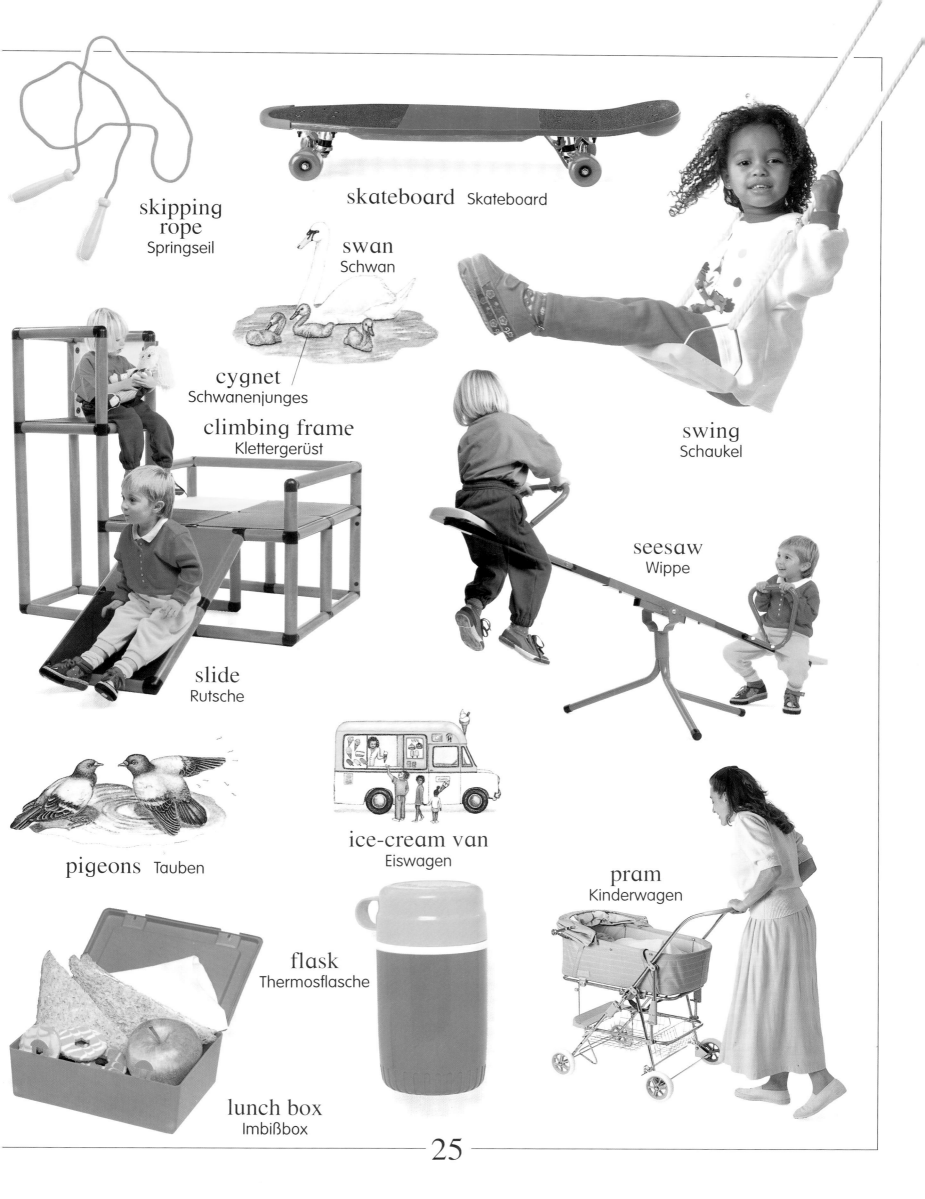

skipping rope
Springseil

skateboard Skateboard

swan
Schwan

cygnet
Schwanenjunges

climbing frame
Klettergerüst

swing
Schaukel

slide
Rutsche

seesaw
Wippe

pigeons Tauben

ice-cream van
Eiswagen

pram
Kinderwagen

flask
Thermosflasche

lunch box
Imbißbox

25

At the supermarket Im Supermarkt

shopping basket
Einkaufskorb

cereal
Frühstücksflocken

vegetable oil
Pflanzenöl

sweets
Bonbons

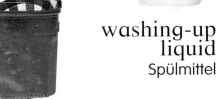

washing-up liquid
Spülmittel

jam
Marmelade

flour
Mehl

coffee
Kaffee

meat
Fleisch

fish
Fisch

toilet rolls
Klopapier

Fruit Obst

grapes
Weintrauben

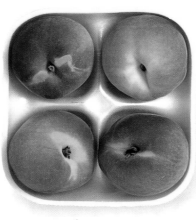

peaches Pfirsiche

lemon
Zitrone

orange
Orange

cherries
Kirschen

raspberries
Himbeeren

pineapple
Ananas

blackcurrants
schwarze Johannisbeeren

26

chocolate
Schokolade

tins
Dosen

washing powder
Waschpulver

cash register
Kasse

trolley
Einkaufswagen

shop assistant
Kassiererin

bottles Flaschen

cheese
Käse

cheque book
Scheckbuch

purse
Geldbörse

money
Geld

box
Schachtel

checkout
Kasse

bag Tüte

Vegetables Gemüse

green beans
grüne Bohnen

pepper
Paprika

onion
Zwiebel

courgettes
Zucchini

celery
Stangensellerie

cabbage
Kohl

potatoes
Kartoffeln

cucumber
Gurke

lettuce
Salat

Cars Autos

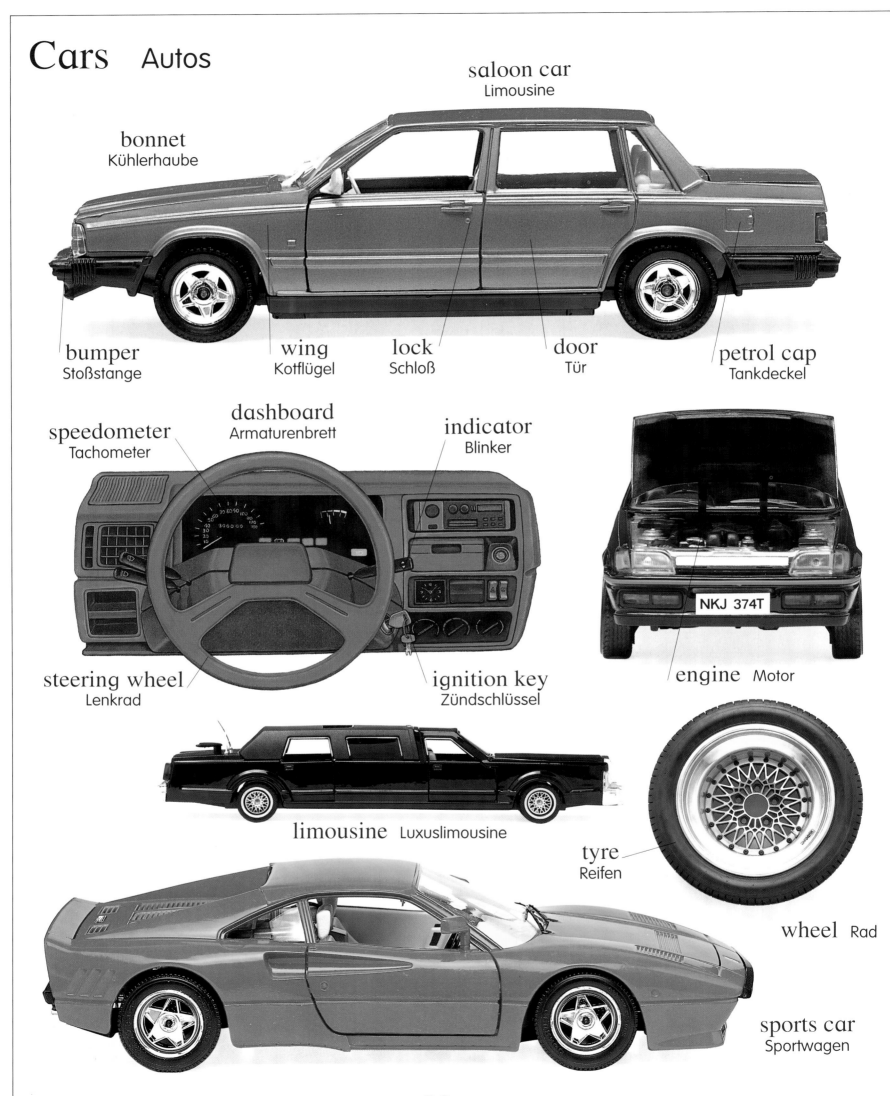

saloon car
Limousine

bonnet
Kühlerhaube

bumper
Stoßstange

wing
Kotflügel

lock
Schloß

door
Tür

petrol cap
Tankdeckel

speedometer
Tachometer

dashboard
Armaturenbrett

indicator
Blinker

steering wheel
Lenkrad

ignition key
Zündschlüssel

engine Motor

NKJ 374T

limousine Luxuslimousine

tyre
Reifen

wheel Rad

sports car
Sportwagen

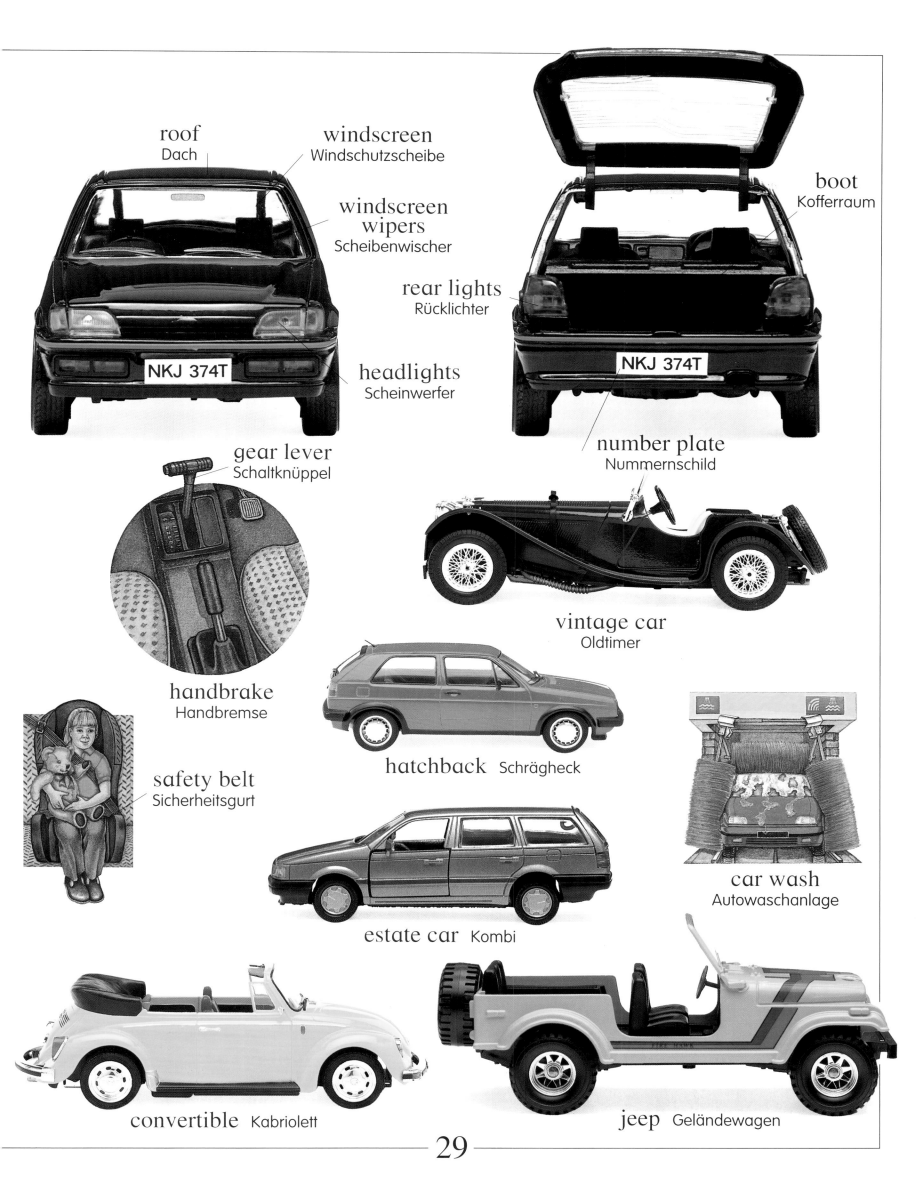

roof
Dach

windscreen
Windschutzscheibe

windscreen
wipers
Scheibenwischer

rear lights
Rücklichter

headlights
Scheinwerfer

NKJ 374T

boot
Kofferraum

NKJ 374T

number plate
Nummernschild

gear lever
Schaltknüppel

vintage car
Oldtimer

handbrake
Handbremse

hatchback   Schrägheck

safety belt
Sicherheitsgurt

car wash
Autowaschanlage

estate car   Kombi

convertible   Kabriolett

jeep   Geländewagen

29

Things that move   Dinge, die sich bewegen

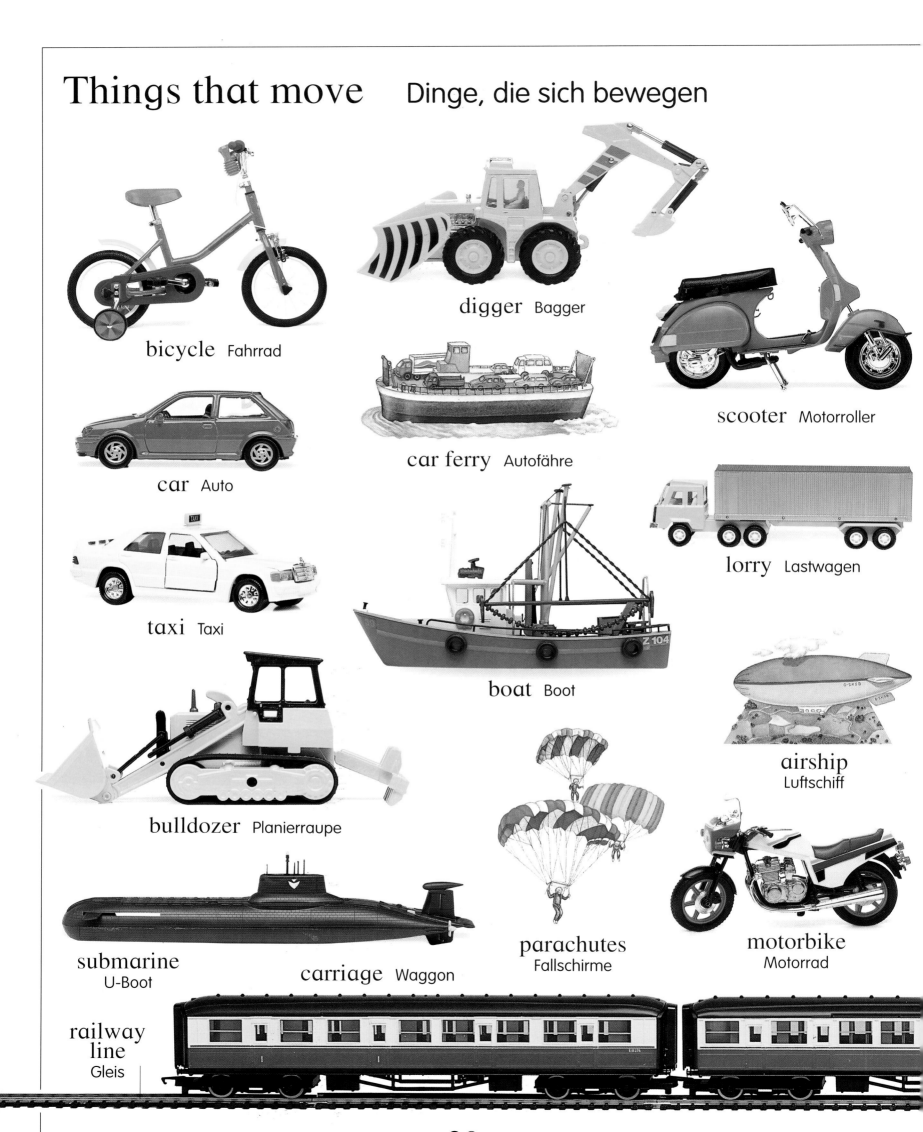

bicycle Fahrrad

digger Bagger

scooter Motorroller

car Auto

car ferry Autofähre

taxi Taxi

lorry Lastwagen

boat Boot

airship Luftschiff

bulldozer Planierraupe

submarine U-Boot

carriage Waggon

parachutes Fallschirme

motorbike Motorrad

railway line Gleis

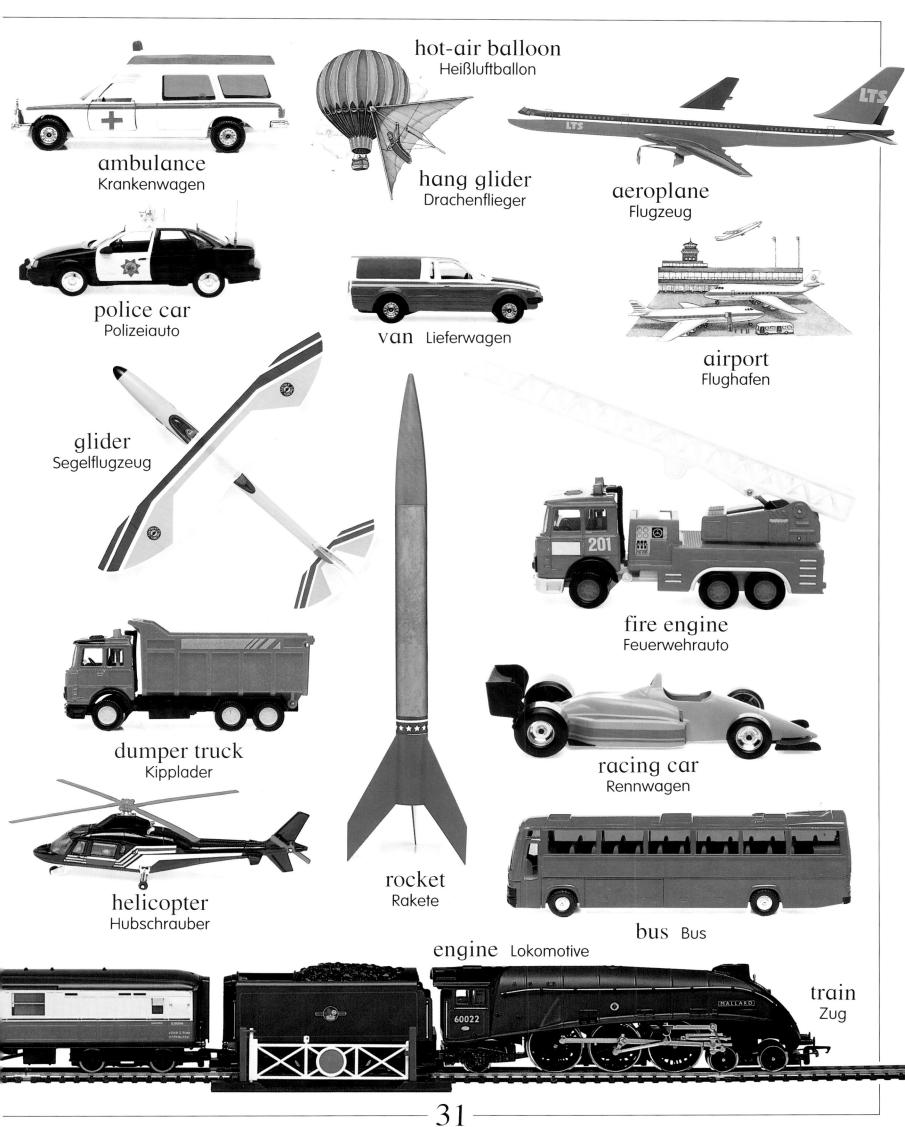

ambulance
Krankenwagen

hot-air balloon
Heißluftballon

hang glider
Drachenflieger

aeroplane
Flugzeug

police car
Polizeiauto

van Lieferwagen

airport
Flughafen

glider
Segelflugzeug

fire engine
Feuerwehrauto

dumper truck
Kipplader

racing car
Rennwagen

helicopter
Hubschrauber

rocket
Rakete

bus Bus

engine Lokomotive

train
Zug

In the country Auf dem Land

rabbit Kaninchen

orchard Obstgarten

village Dorf

dragonfly Libelle

waterlilies Seerosen

stream Bach

mountain Berg

valley Tal

lake See

island Insel

hills Hügel

bridge Brücke

river Fluß

ferns Farn

toad Kröte

32

mushrooms
Pilze

road
Landstraße

blackberries
Brombeeren

fox
Fuchs

caravan
Wohnwagen

tent
Zelt

campsite
Campingplatz

Wild flowers
Wiesenblumen

waterfall
Wasserfall

dandelion
Löwenzahn

buttercups
Butterblumen

daisies
Margeriten

In the woods   Im Wald

tree   Baum

acorns   Eicheln

plums   Pflaumen

pine cones   Kiefernzapfen

blossom   Blüte

berries   Beeren

fir needles   Tannennadeln

twig   Zweig

squirrel   Eichhörnchen

bird's eggs   Vogeleier

bird   Vogel

chick   Junges

branch   Ast

bird's nest   Vogelnest

owl   Eule

34

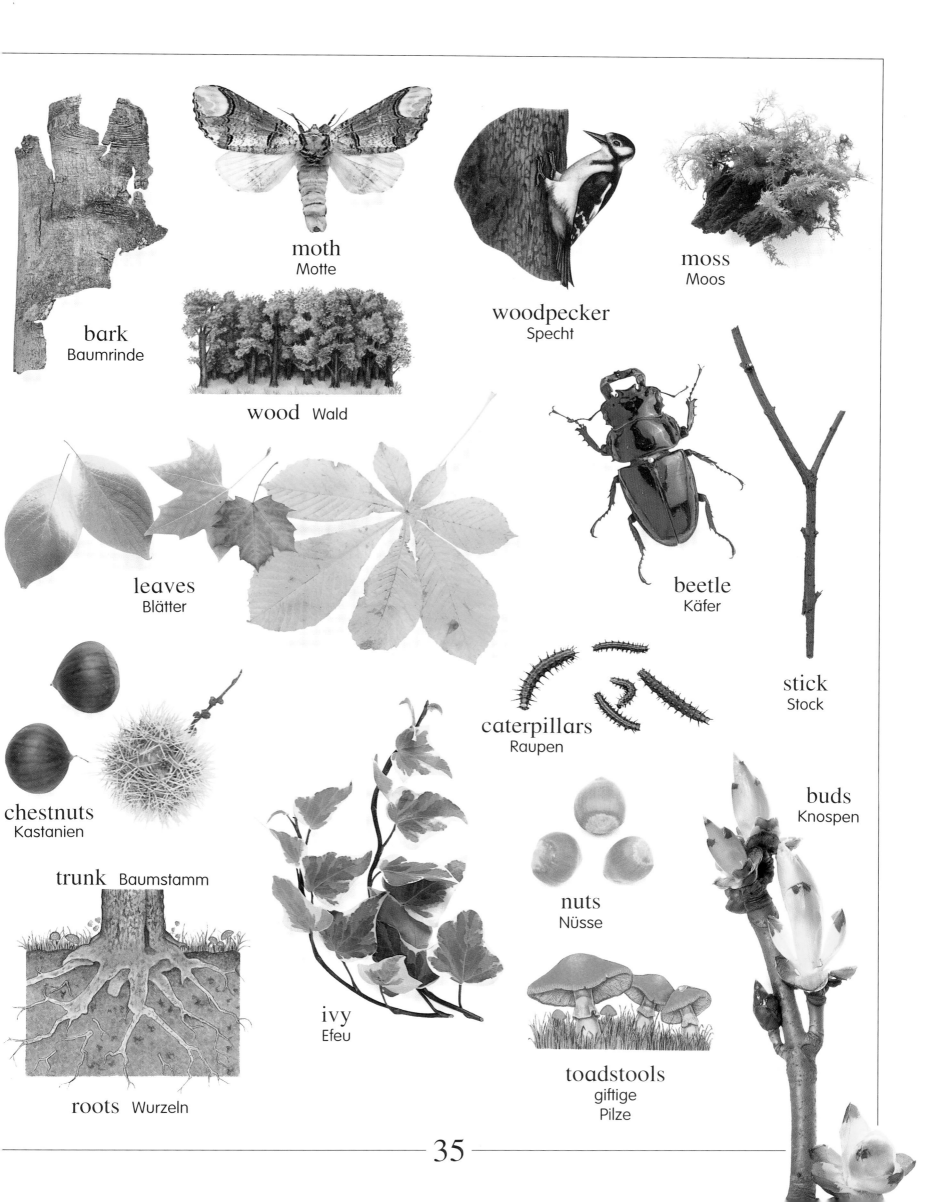

bark
Baumrinde

moth
Motte

woodpecker
Specht

moss
Moos

wood Wald

leaves
Blätter

beetle
Käfer

stick
Stock

chestnuts
Kastanien

caterpillars
Raupen

buds
Knospen

trunk Baumstamm

nuts
Nüsse

ivy
Efeu

toadstools
giftige
Pilze

roots Wurzeln

35

On the farm Auf dem Bauernhof

farmyard Hof

trough Trog

horse Pferd

farmhouse Bauernhaus

goose Gans

field Feld

fence Zaun

pig Schwein

piglets Ferkel

lamb Lamm

sheep Schaf

pigsty Schweinestall

goat Ziege

cornfield Kornfeld

hay bale Strohballen

gate Gatter

tractor Traktor

trailer Anhänger

bull
Stier

calf
Kalb

cow
Kuh

hen coop
Hühnerstall

chick
Küken

stable   Pferdestall

hen
Henne

pond
Teich

cockerel   Hahn

sheepdog   Hütehund

ducklings
Entenküken

duck   Ente

barn   Stall

plough   Pflug

combine harvester
Mähdrescher

Pets Haustiere

hamsters
Hamster

shell
Panzer

tortoise
Schildkröte

whiskers
Schnurrhaare

parrots
Papageien

beak
Schnabel

tadpoles
Kaulquappen

tail Schwanz

cat Katze

feathers
Federn

guinea pig Meerschweinch

water weed Seetang

goldfish
Goldfisch

fish tank
Aquarium

puppies
junge Hunde

38

collar
Halsband

lead
Leine

bone
Knochen

fur
Fell

mouse
Maus

perch
Stange

paws Pfoten

dog
Hund

kittens Kätzchen

canary
Kanarienvogel

cage Käfig

mane Mähne

basket
Korb

wing
Flügel

claws
Krallen

hooves
Hufe

pony Pony

budgerigar
Wellensittich

39

At the zoo Im Zoo

crocodile
Krokodil

scales
Schuppen

pelican
Pelikan

peacock
Pfau

kangaroo Känguruh

leopard Leopard

horns
Hörner

fin
Flosse

dolphin
Delphin

hippopotamus
Nilpferd

gazelle
Gazelle

shark
Hai

tiger Tiger

chimpanzee
Schimpanse

ostrich
Strauß

giraffe
Giraffe

bear
Bär

40

lizard
Eidechse

rhinoceros Nashorn

penguin
Pinguin

camel
Kamel

panda
Pandabär

polar bear
Eisbär

bison Bison

koala
Koala

tusk
Stoßzahn

trunk
Rüssel

lion
Löwe

snake
Schlange

elephant
Elefant

anteater
Ameisenbär

zebra
Zebra

41

Toys Spielsachen

teddy bear
Teddybär

jack-in-the-box
Schachtelteufel

rattle
Rassel

whistle
Pfeife

marbles
Murmeln

doll's pram
Puppenwagen

toy car
Spielzeugauto

camera
Fotoapparat

board game
Brettspiel

guitar
Gitarre

dice
Würfel

spinning top
Kreisel

soldiers Soldaten

doll
Puppe

balloon
Luftballon

train set
Modelleisenbahn

42

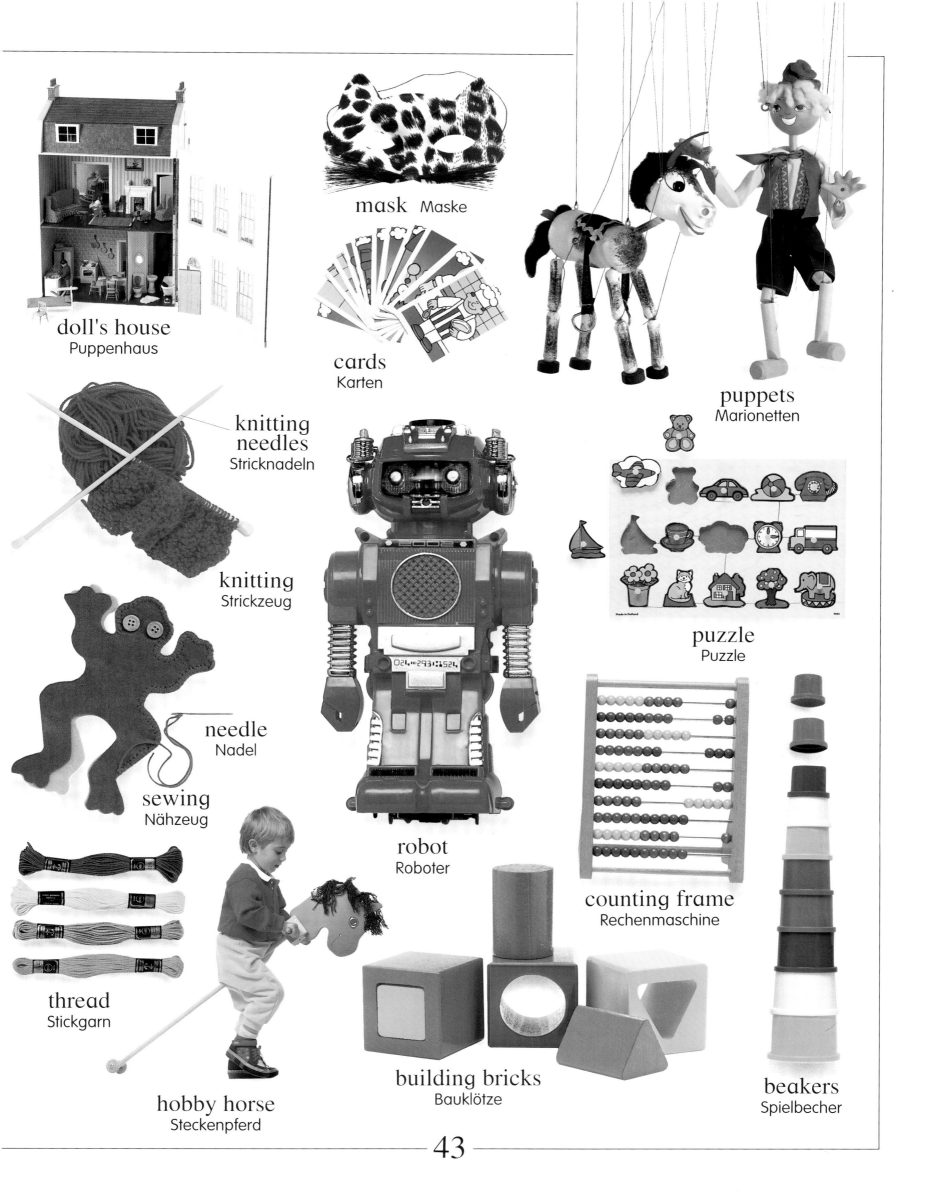

doll's house
Puppenhaus

mask Maske

cards
Karten

puppets
Marionetten

knitting
needles
Stricknadeln

knitting
Strickzeug

puzzle
Puzzle

needle
Nadel

sewing
Nähzeug

robot
Roboter

counting frame
Rechenmaschine

thread
Stickgarn

hobby horse
Steckenpferd

building bricks
Bauklötze

beakers
Spielbecher

43

Going to school In der Schule

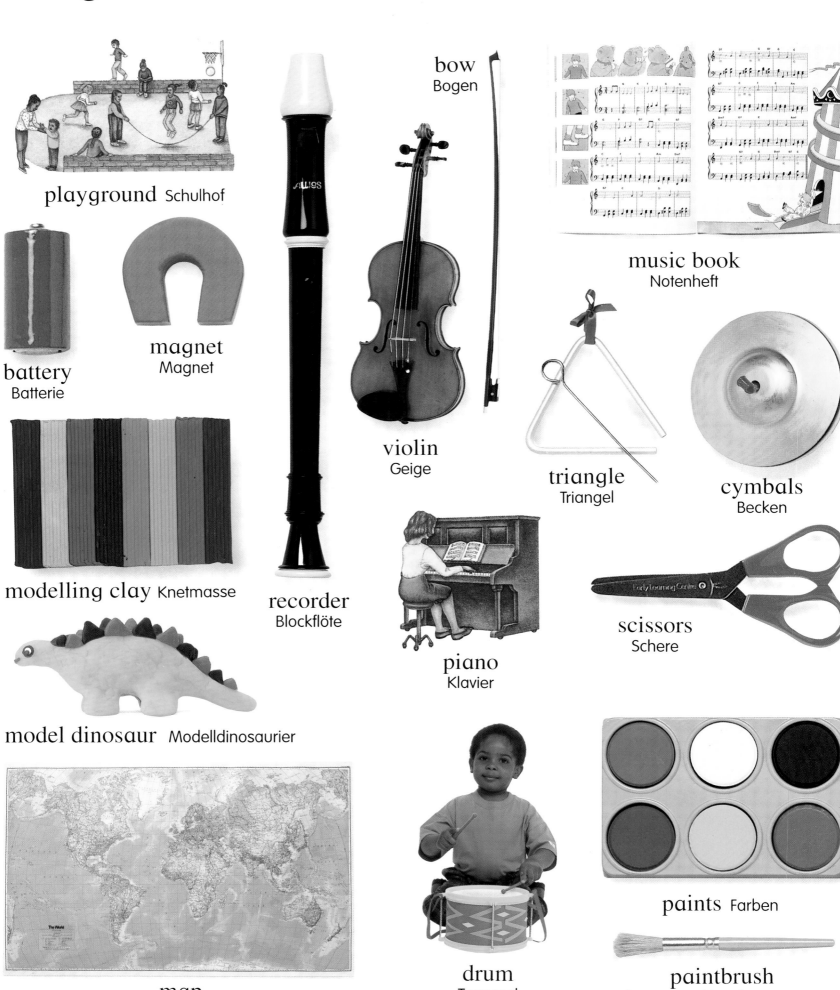

playground Schulhof

battery
Batterie

magnet
Magnet

modelling clay Knetmasse

model dinosaur Modelldinosaurier

recorder
Blockflöte

bow
Bogen

violin
Geige

piano
Klavier

music book
Notenheft

triangle
Triangel

cymbals
Becken

scissors
Schere

map
Landkarte

drum
Trommel

paints Farben

paintbrush
Pinsel

44

abcdefg
hijklm
nopqrst
uvwxyz

letters
Buchstaben

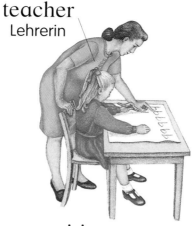

teacher
Lehrerin

writing schreiben

books
Bücher

globe
Globus

glue
Klebstoff

chalk
Kreide

blackboard
Tafel

1 2 3 4 5 6 7 8 9 10

numbers
Zahlen

pencil
Bleistift

rubber
Radiergummi

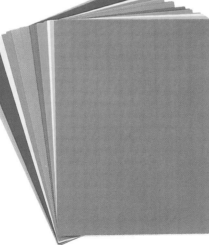

paper
Papier

drawing
zeichnen

calendar
Kalender

easle
Staffelei

ruler
Lineal

crayons
Wachsmalstifte

painting
malen

At the seaside Am Strand

flag
Fähnchen

sandcastle Sandburg

pebbles Kieselsteine

rocks
Felsbrocken

deckchair
Liegestuhl

toy windmill
Windrad

waves
Wellen

fish
Fische

rubber ring
Schwimmreifen

cliffs Klippen   sea Meer

beach Strand

shell
Muschel

seaweed
Seetang

sand Sand

harbour
Hafen

starfish
Seestern

armbands
Schwimmflügel

sunglasses
Sonnenbrille

ice-cream cone
Eistüte

lighthouse
Leuchtturm

beach umbrella
Sonnenschirm

seagulls
Möwen

crab Krebs

swimsuit
Badeanzug

beach ball
Wasserball

spade
Spaten

handle
Griff

sun hat
Sonnenhut

sail
Segel

bucket
Eimer

rock pool
Felsengrund

sailing boat
Segelboot

47

Time, weather, and seasons
Zeit, Wetter und Jahreszeiten

Time
Zeit

daytime
Tag

breakfast-time
Zeit fürs Frühstück

playtime
Zeit zum Spielen

bedtime
Schlafenszeit

night-time
Nacht

lunchtime
Zeit fürs Mittagessen

dinnertime Zeit fürs Abendessen

Days of the week	Wochentage
Sunday Sonntag	Thursday Donnerstag
Monday Montag	Friday Freitag
Tuesday Dienstag	Saturday Samstag
Wednesday Mittwoch	

Months of the year		Die Monate des Jahres
January Januar	May Mai	September September
February Februar	June Juni	October Oktober
March März	July Juli	November November
April April	August August	December Dezember

Weather Wetter

sun
Sonne

cloud
Wolke

rainbow
Regenbogen

rain
Regen

puddle
Pfütze

wind
Wind

snowman
Schneemann

snow
Schnee

Seasons Die Jahreszeiten

spring
Frühling

summer
Sommer

autumn
Herbst

winter
Winter

Sports Sport

helmet
Helm

American football
Rugbyball

skating
Schlittschuhlaufen

ice skate Schlittschuh

American football
Football

shuttlecocks
Federbälle

boxing gloves
Boxhandschuhe

darts
Wurfpfeile

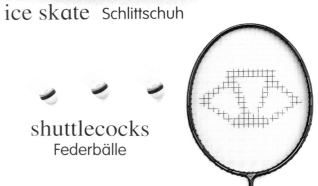

skiing
Skifahren

skis
Skier

badminton
racket
Federball-
schläger

fishing net
Kescher

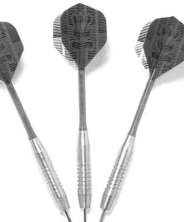

horse riding
Reiten

fishing rod
Angel

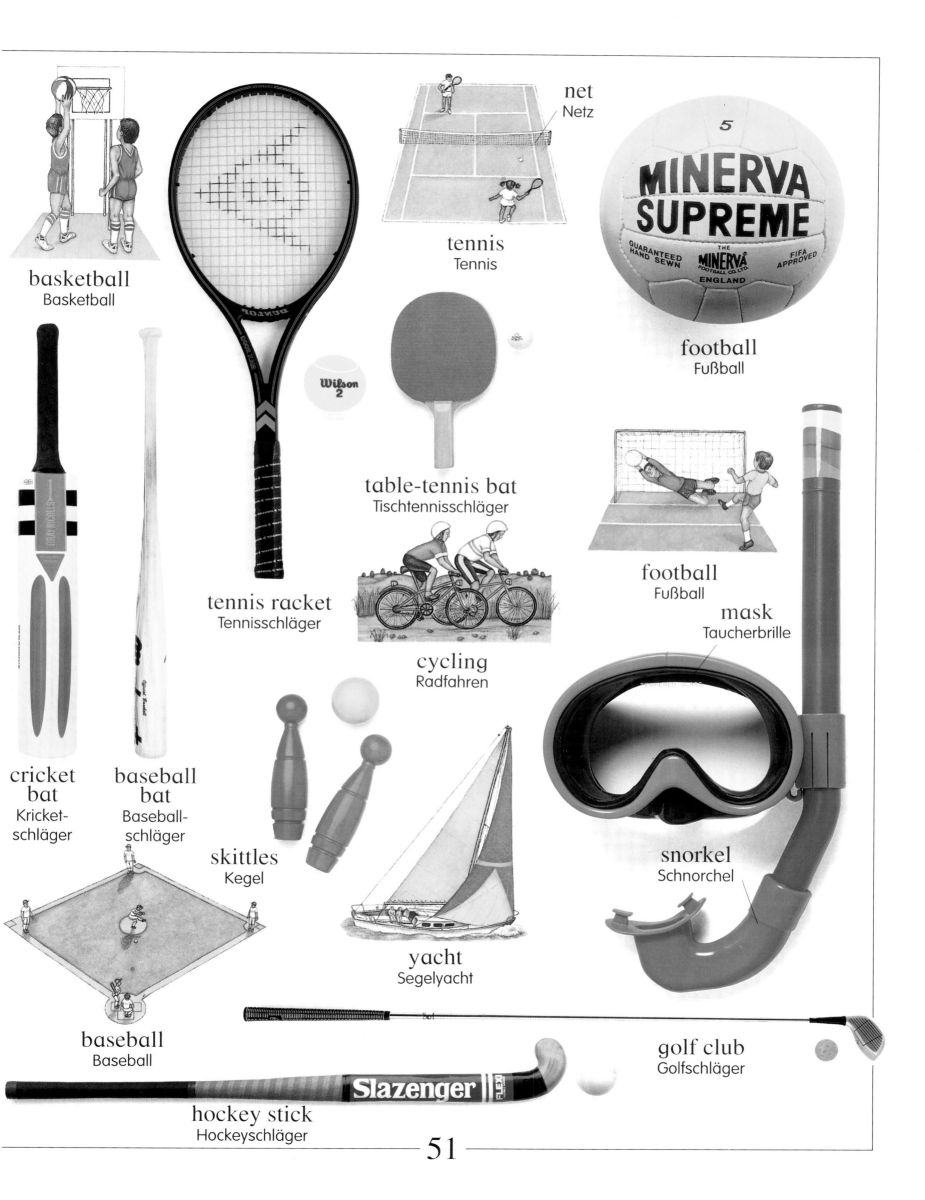

basketball
Basketball

net
Netz

tennis
Tennis

MINERVA SUPREME
5
GUARANTEED HAND SEWN
THE MINERVA FOOTBALL CO. LTD.
FIFA APPROVED
ENGLAND

football
Fußball

tennis racket
Tennisschläger

table-tennis bat
Tischtennisschläger

cycling
Radfahren

football
Fußball

mask
Taucherbrille

cricket bat
Kricket-schläger

baseball bat
Baseball-schläger

skittles
Kegel

snorkel
Schnorchel

yacht
Segelyacht

baseball
Baseball

hockey stick
Hockeyschläger

Slazenger

golf club
Golfschläger

51

Action words Tätigkeitswörter

reading
lesen

counting
zählen

eating
essen

drinking
trinken

picking up
aufheben

hugging
umarmen

crying
weinen

sweeping
fegen

giving
geben

taking
nehmen

pushing
schieben

pulling
ziehen

looking
anschauen

whispering
flüstern

shouting
rufen

listening
zuhören

talking
sprechen

pointing
zeigen

standing
stehen

sitting
sitzen

laughing
lachen

smiling
lächeln

kissing
küssen

sleeping
schlafen

running
laufen

walking
gehen

carrying
tragen

lying down
liegen

crawling
krabbeln

Playtime words   Wörter vom Spielen

skipping
seilspringen

kicking
treten

hitting
schlagen

climbing
klettern

building
bauen

playing
spielen

dancing
tanzen

chasing
jagen

hopping
hüpfen

falling over
hinfallen

jumping
springen

blowing
blasen

throwing
werfen

catching
fangen

hiding
verstecken

riding
fahren

Storybook words   Wörter aus dem Märchenbuch

Indian chief
Indianerhäuptling

dragon
Drache

armour
Rüstung

knight
Ritter

reindeer   Rentier

sledge   Schlitten

Father Christmas
Weihnachtsmann

pirate
Pirat

crown
Krone

cloak
Umhang

dinosaur
Dinosaurier

cowboy
Cowboy

fairy
Fee

monster
Ungeheuer

wand
Zauberstab

king
König

queen
Königin

sword
Schwert

prince
Prinz

princess
Prinzessin

wizard
Zauberer

castle
Schloß

beanstalk
Zauberbohne

giant
Riese

broomstick
Besenstiel

witch
Hexe

pumpkin
Kürbis

Colours, shapes, and numbers
Colours
Farben, Formen und Zahlen

Colours

Farben

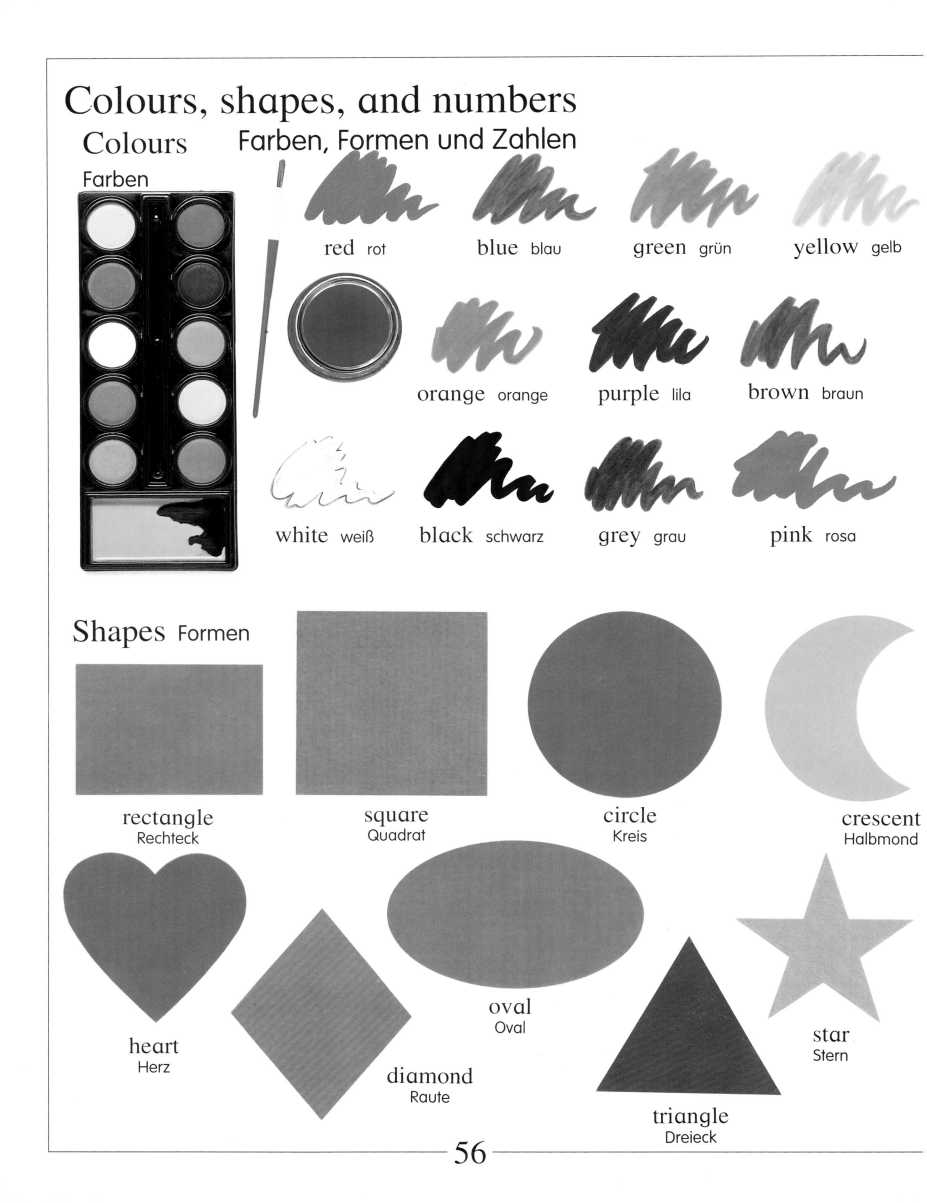

red rot   blue blau   green grün   yellow gelb

orange orange   purple lila   brown braun

white weiß   black schwarz   grey grau   pink rosa

Shapes Formen

rectangle
Rechteck

square
Quadrat

circle
Kreis

crescent
Halbmond

heart
Herz

diamond
Raute

oval
Oval

triangle
Dreieck

star
Stern

56

Numbers Zahlen

1	2	3	4	5	6	7
one	two	three	four	five	six	seven
eins	zwei	drei	vier	fünf	sechs	sieben

8	9	10	11	12
eight	nine	ten	eleven	twelve
acht	neun	zehn	elf	zwölf

13	14	15	16
thirteen	fourteen	fifteen	sixteen
dreizehn	vierzehn	fünfzehn	sechzehn

17	18	19	20
seventeen	eighteen	nineteen	twenty
siebzehn	achtzehn	neunzehn	zwanzig

Position words   Über, unter, hinter, vor

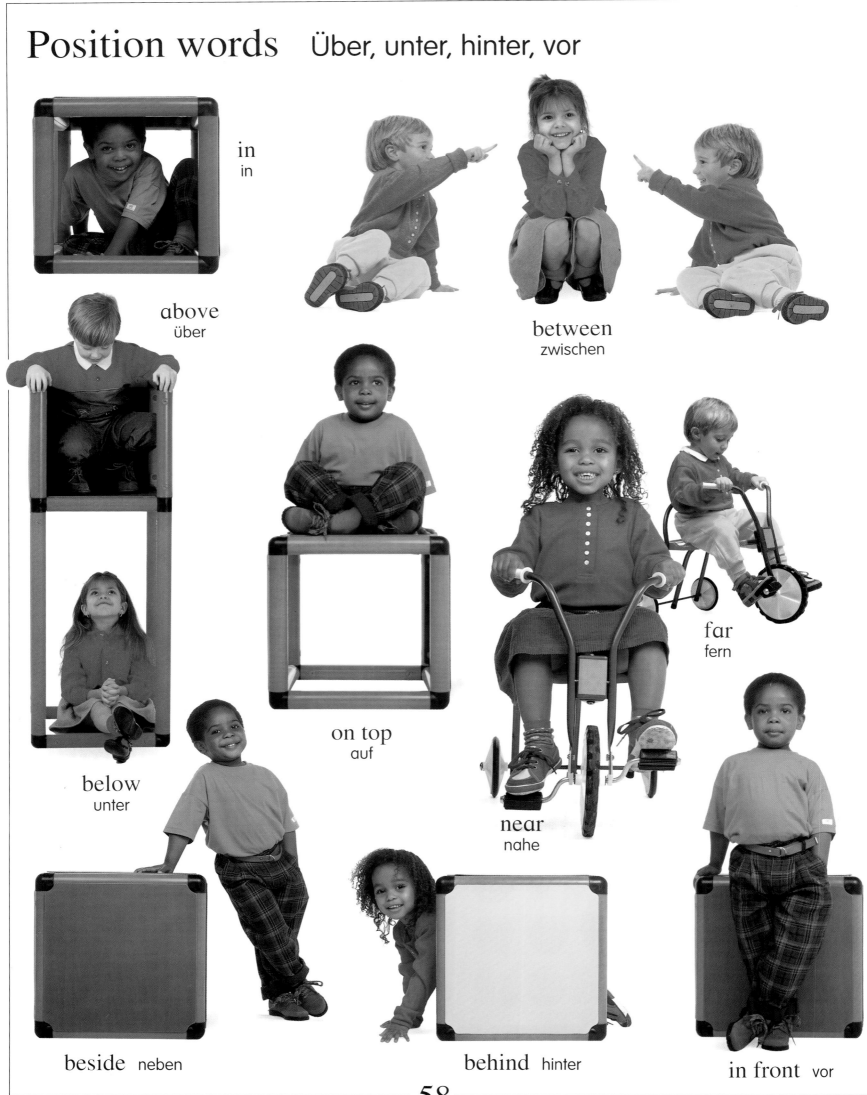

in
in

above
über

between
zwischen

below
unter

on top
auf

far
fern

near
nahe

beside neben

behind hinter

in front vor

58

up
hoch

down
tief

top
oben

on
auf

off
ab

over über

under
unter

bottom
unten

last
letzter

third
dritte

second
zweite

first
erster

59

Opposites Gegensätze

sad
traurig

happy
fröhlich

smooth
glatt

rough
rauh

thin
dünn

fat
dick

fast schnell

soft
weich

hard
hart

awake
wach

slow langsam

full voll

empty leer

asleep
eingeschlafen

wet
naß

dry
trocken

left
links

big
groß

small
klein

open
offen

shut
zu

front vorn

back hinten

heavy schwer

light leicht

new neu

old alt

long lang

short kurz

high hoch

low niedrig

hot heiß

cold kalt

right rechts

clean sauber

dirty schmutzig

Index Wörterverzeichnis